LECTURA VELOZ

Cómo aumentar tu velocidad de lectura

(Aprende cómo leer y entender más rápido)

Amir Paz

Publicado Por Jason Thawne

© **Amir Paz**

Todos los derechos reservados

*Lectura Veloz: Cómo aumentar tu velocidad de lectura
(Aprende cómo leer y entender más rápido)*

ISBN 978-1-989891-23-0

Este documento está orientado a proporcionar información exacta y confiable con respecto al tema y asunto que trata. La publicación se vende con la idea de que el editor no esté obligado a prestar contabilidad, permitida oficialmente, u otros servicios cualificados. Si se necesita asesoramiento, legal o profesional, debería solicitar a una persona con experiencia en la profesión.

Desde una Declaración de Principios aceptada y aprobada tanto por un comité de la American Bar Association (el Colegio de Abogados de Estados Unidos) como por un comité de editores y asociaciones.

No se permite la reproducción, duplicado o transmisión de cualquier parte de este documento en cualquier medio electrónico o formato impreso. Se prohíbe de forma estricta la grabación de esta publicación así como tampoco se permite cualquier almacenamiento de este documento sin permiso escrito del editor. Todos los derechos reservados.

Se establece que la información que contiene este documento es veraz y coherente, ya que cualquier responsabilidad, en términos de falta de atención o de otro tipo, por el uso o abuso de cualquier política, proceso o dirección contenida en este documento será responsabilidad exclusiva y absoluta del lector receptor. Bajo ninguna circunstancia se hará responsable o culpable de forma legal al editor por cualquier reparación, daños o pérdida monetaria debido a la información aquí contenida, ya sea de forma directa o indirectamente.

Los respectivos autores son propietarios de todos los derechos de autor que no están en posesión del editor.

La información aquí contenida se ofrece únicamente con fines informativos y, como tal, es universal. La presentación de la información se realiza sin contrato ni ningún tipo de garantía.

Las marcas registradas utilizadas son sin ningún tipo de consentimiento y la publicación de la marca registrada es sin el permiso o respaldo del propietario de esta. Todas las marcas registradas y demás marcas incluidas en este libro son solo para fines de aclaración y son propiedad de los mismos propietarios, no están afiliadas a este documento.

TABLA DE CONTENIDO

PARTE 1 1

INTRODUCCIÓN 2

CAPÍTULO 1. ENTENDIENDO LOS CONCEPTOS BÁSICOS DE LA LECTURA 4

Técnica Principal de Lectura #1: Escaneo 6
Técnica Principal de Lectura #2: Lectura Focalizada 9
Técnica Principal de Lectura #3: Hojear 11

CAPÍTULO 2. RUTINA DIARIA PARA MEJORAR LAS HABILIDADES DE LECTURA 13

Consejo Rutinario para Mejorar la Lectura #1: Lleva un libro a todas partes. 13
Consejo Rutinario para Mejorar la Lectura #2: Crea una lista de lectura. 14
Consejo Rutinario para Mejorar la Lectura #3: Ten horas específicas del día para leer. 14
Consejo Rutinario para Mejorar la Lectura #4: Corta el tiempo que pasas en el televisor y en el Internet. 15
Consejo Rutinario para Mejorar la Lectura #5: Crea un blog. 15
Consejo Rutinario para Mejorar la Lectura #6: Prepara un lugar cómodo y tranquilo que sea exclusivamente para leer. 16

CAPÍTULO 3. CÓMO DETERMINAR QUÉ ES IMPORTANTE. 18

¿Cómo puede un lector determinar los puntos importantes? 19
¿Cómo puede el lector determinar si cierta información en el texto es relevante o irrelevante? 19

CAPÍTULO 4. CÓMO LA LECTURA RÁPIDA ESTÁ RELACIONADA CON LA COMPRENSIÓN 21

Consejo de Lectura Rápida y Comprensión #1: Clasifica el material de lectura de acuerdo a su importancia y prioridad. 21
Consejo de Lectura Rápida y Comprensión #2: Hojea un poco 22
Consejo de Lectura Rápida y Comprensión #3: Lee en un

AMBIENTE QUE SE PRESTE A ELLO 22
CONSEJO DE LECTURA RÁPIDA Y COMPRENSIÓN #4: TOMA NOTAS 23
CONSEJO DE LECTURA RÁPIDA Y COMPRENSIÓN #5: LEE A UN RITMO EN EL QUE TE SIENTAS CÓMODO 23

CAPÍTULO 5- CONSEJOS PARA ANALIZAR PÁRRAFOS 25

HACER UNA EVALUACIÓN 25
CREANDO UNA INFERENCIA 26
INTERPRETAR LO QUE ESTÁS LEYENDO 26

CAPÍTULO 6- LA IMPORTANCIA DE INCREMENTAR TU VOCABULARIO 28

CAPÍTULO 7- TÉCNICAS DE VISIÓN ADECUADA Y MOVIMIENTO OCULAR 30

CAPÍTULO 8- ESTRATEGIAS PARA MEJORAR TU COMPRENSIÓN LECTORA 33

MÉTODO DE LECTURA ACTIVA #1: EL MÉTODO CORNELL 35
MÉTODO DE LECTURA ACTIVA #2: CREA TUS PREGUNTAS 35

CAPÍTULO 9- TRUCOS Y CONSEJOS PARA LA LECTURA RÁPIDA 36

CONSEJO PARA LA LECTURA RÁPIDA #1: NUNCA REPITAS 36
CONSEJO PARA LA LECTURA RÁPIDA #2: UTILIZA TUS DEDOS COMO GUÍA DE TUS OJOS PARA LA LEER 36
CONSEJO PARA LA LECTURA RÁPIDA #3: CONCÉNTRATE Y NUNCA PIERDAS EL FOCO 37
CONSEJO PARA LA LECTURA RÁPIDA #4: SIGUE TODO EL TIEMPO LA "REGLA DE LA TERCERA PALABRA" 37
CONSEJO PARA LA LECTURA RÁPIDA #5: LEE FRASES Y LÍNEAS, NO PALABRAS INDIVIDUALES 37
CONSEJO PARA LA LECTURA RÁPIDA #6: NUNCA TE DEVUELVAS. 38
CONSEJO PARA LA LECTURA RÁPIDA #7: GANA IMPULSO COMENZANDO A MÁXIMA VELOCIDAD 38

CONCLUSIÓN 40

PARTE 2 42

INTRODUCCIÓN **43**

CAPÍTULO 1: ¿QUÉ ES LA LECTURA VELOZ? **45**

¿QUÉ ES LA LECTURA RAPIDA? 45
LOS BENEFICIOS 47

CAPÍTULO 2: TÉCNICAS PARA AYUDARLO A ACELERAR LA LECTURA **49**

ELIMINANDO DISTRACCIONES 51
NO HABLES, SOLO LEE 51
ELIMINANDO EL BARRIDO HACIA ATRÁS 52

CAPÍTULO 3: HÁBITOS DIARIOS PARA MEJORAR LA VELOCIDAD DE LECTURA **54**

LEER LIBROS 54
ESTABLECER UN RITMO 55
NO TE MOLESTES CON LAS COSAS PEQUEÑAS 55
PRUÉBATE 56

CAPÍTULO 4: EL DESAFÍO DE 21 DÍAS PARA MEJORAR LA VELOCIDAD DE LECTURA **57**

¿CÓMO HACERLO? 58

CAPÍTULO 5: TÉCNICAS DE LECTURA RÁPIDA QUE FUNCIONAN PARA CUALQUIERA **61**

NO RESALTAR 62
APUNTES 62
AVANCE 62
ÁNGULOS DE LIBROS 63
FORMULANDO PREGUNTAS 63
TEMPRANO 64

CAPÍTULO 6: TRUCOS MENTALES PARA AUMENTAR LA VELOCIDAD DE LECTURA **66**

ESTAR OJO ALERTA 66
ESTAR ESTRESADO 67
NO TE ESTRESES EN LAS PALABRAS 67

SUB VOCALIZACIÓN 68

Parte 1

Introducción

Quiero agradecer y felicitarlos a todos por comprar el libro.

Este libro de "Comprensión Lectora" contiene pasos y estrategias, comprobadas, de cómo mejorar tu nivel de comprensión lectora y dominar todas las técnicas que ello comprende. Repasarás los conceptos básicos y, mientras vas leyendo, te darás cuentas que las cosas se complican un poco. Una vez que estés listo, podrás afrontar las cosas utilizando tu pensamiento crítico.

En cada capítulo de este libro encontrarás bastantes explicaciones. Por supuesto, necesitas leer para aprender cómo leer, así que es esencial que leas este libro de principio a fin. Las habilidades que se presentan en este compendio son bastante prácticas, por lo tanto podrás aplicarlas inmediatamente en cualquier situación de lectura. Hay recomendaciones bastante útiles y pragmáticas. Al final, la meta es crear en ti un lector activo.

Gracias de nuevo por comprar este libro. ¡Espero lo disfrutes!

Capítulo 1. Entendiendo los Conceptos Básicos de la Lectura

La lectura, es una habilidad comunicativa que cada persona, ya sea estudiante, profesional y cualquiera en medio de estos, debe aprender a dominar. Se dice que la lectura es la llave que permite abrir la puerta a ese mundo lleno de misterios, disfrute e información. Según investigadores de la lectura del desarrollo, para cualquier área, la lectura es la herramienta más importante para adquirir información. Esa información puede volverse un conocimiento preciado, después de ser procesada.

En nuestro día a día, ocho de diez cosas en las cuales usualmente nos involucramos, tienen que ver con la lectura. Desde leer una señal en la carretera hasta el navegar por Internet, siempre tienes que leer. Además, debes utilizar tus habilidades de lectura cuando visitas un restaurante, debido a que debes examinar el menú, y, por supuesto, debes utilizarlo si deseas aprender alguna nueva destreza, necesitas leer ese nuevo libro de autoayuda que recién compraste.

Si no sabes cómo leer efectivamente, es imposible que aprendas la diferencia entre personas famosas e históricas, los lugares en los que nunca has estado, o las cosas nuevas que no has visto. Y sí, leer es esencial para divertirse e involucrarse en actividades de relajación. Después de todo, la lectura ligera, el disfrute de un libro de ficción, buscar cómics y utilizar las redes sociales, implica leer un montón.

En el pasado, leer no estaba visto como un medio importante para adquirir conocimientos. Sin embargo hoy en día, con los cambios traídos por el avance de la tecnología y el auge de la Web Global, y otras tecnologías digitales, ha habido un renovado interés en el conocimiento. Nuevos bits de información están disponibles inmediatamente cada día. Serás dejado detrás si no lees. Con la explosión de conocimientos disponibles y el reciente avance en el campo de la tecnología y la ciencia, el leer eficazmente se ha convertido, verdaderamente, en una necesidad.

Para desarrollar la habilidad de leer de manera eficaz en una persona es necesaria la práctica y, también, el entendimiento. La cantidad adecuada de práctica te ayudará a desarrollar las destrezas necesarias en la lectura.

Para comenzar, debes aprender y entender los conceptos básicos de la lectura. Existen tres técnicas principales que puede utilizarse en la lectura, que son el escaneo, la lectura focalizada y hojear. Discutiremos cada uno.

Técnica Principal de Lectura #1: Escaneo

El escaneo es una técnica muy útil, especialmente si deseas tener una visión general del texto que debes leer. El escaneo es esencial para saber la totalidad de determinado artículo, y no debes enfocarte en detalles o secciones específicas. Principalmente, debes familiarizarte con la "forma" del material que estás leyendo, los tópicos claves o los temas principales, y otras características importantes del texto. Básicamente, cuando escaneas un texto determinado, solo necesitas mirar los subtítulos o los subtítulos incluidos en el texto. Debes señalar frases o palabras claves que te den una pista acerca de lo que trata el texto, usualmente, suele ayudar si lees las primeras oraciones de cada párrafo. De esta manera, tendrás idea de lo que tratan los puntos principales mientras avanza la discusión.

Para definirlo, el escaneo es utilizado para buscar piezas de información específica. Usualmente, el lector que escanea utiliza sus ojos para "cazar" las piezas de conocimientos e información específicas que necesita. Esta técnica suele ser utilizada por empresarios, y sus secretarias, cuando deben atender reuniones, planificar sesiones y proyecto de calendario. Estos detalles son útiles solamente para encontrar la información importante, nada más ni nada menos. No tienes que preocuparte si, en el proceso de escanear, encuentras palabras con las que no estás familiarizado.

Las personas que suelen utilizar esta técnica, ya tienen una pregunta en mente. Usualmente, se utilizan patrones de escaneo. Algunos utilizan "mirar en S" o el "Zigzageo" así, los ojos puedes moverse rápidamente a través de la página. Encontrarás que las mayúsculas son útiles si estas buscando el nombre de una persona, un lugar, o de algún evento. Si, por otra parte, deseas encontrar información estadística o alguna fecha específica, deberías buscar números o figuras. Con esta técnica, solo buscas la información que necesitas.

Algunos ejemplos prácticos del escaneo.

1. Buscar programas específicos en la guía televisiva publicada en las noticias.

2. Buscar en el directorio telefónico el número de tu restaurant favorito.

3. Descubrir lo que te dice tu Horóscopo para el día.

Técnica Principal de Lectura #2: Lectura Focalizada.

Existen dos importantes habilidades que son empleadas cuando de lectura focalizada hablamos, llamadas lectura intensiva y extensiva. Discutiremos cada una en los siguientes párrafos. La técnica de la lectura focalizada trata acerca de establecer un área específica para enfocarse o enfatizar. Simplificando, el propósito de la lectura está en ella, solo debes cumplir ese propósito. En este punto, diferenciaremos la Lectura Intensiva de la Lectura Extensiva.

(*) Lectura Intensiva: esta técnica solo puede ser empleada en artículos cortos o pequeños escritos. Aquí, tu objetivo es extraer solamente aquel pedazo muy específico de información que necesitas. Tienes que emplear tus ojos para tomar detalles específicos. En estos casos, debes entender completamente las palabras utilizadas, números citados y hechos incluidos.

Algunos ejemplos prácticos de la lectura

intensiva.

1. Leer un reporte de laboratorio acerca de la termodinámica.

2. Entender un diario internacional, un artículo o un informe del periódico.

3. Responder una carta de negocios.

(*) Lectura Extensiva: en esencia, esta técnica, es utilizada para tener un entendimiento general de cierto tema o tópico. Usualmente, los largos párrafos y artículos que son leídos en el nombre de la diversión y la recreación, son incluidos aquí. Expertos afirman que, aquí se incluyen los libros de negocios. Las habilidades en esta técnica son utilizadas generalmente para ampliar la familiaridad que uno tiene con cierta información sobre procedimientos específicos. No hay que preocuparse si hay ciertas lecturas con las que no estás familiarizado. Solo tienes que saltarte esa parte y seguir adelante.

Algunos ejemplos prácticos de lectura extensiva.

1. Un libro de contaduría para no-contadores.

2. Tu novela épica favorita, esa que lees antes de dormir.

3. Un artículo de revista que llamó tu atención mientras tomabas una taza de café.

Técnica Principal de Lectura #3: Hojear

Finalmente, debes entender lo que hojear significa. Para definirlo estrictamente, hojear se refiere a la técnica utilizada solo para captar la "esencia", el resumen, o la información más esencial. Los ojos necesitan correr rápidamente en el texto. Cuando la utilizas, no necesitas leer cada palabra, frase u oración.

A través de esta técnica, puedes obtener una idea general. Generalmente, cuando deseas leer un libro nuevo, hojeas los capítulos para decidir si será el próximo que leerás. Todos utilizamos esta técnica; solo no sabemos que lo hacemos. Los detalles no son tan importantes con esta técnica de lectura. Si no tienes idea cómo hacerlo, aquí te mostraré rápidamente como hacerlo:

Primero, debes leer el primer párrafo del capítulo que estás interesado en hojear para obtener una orientación general del texto. Luego, tienes que leer todos los títulos y subtítulos. Después, las primeras oraciones de los párrafos y seguir leyendo. Si hay mapas, gráficos, imágenes o ilustraciones, también debes estudiarlos con cuidado. Por último, el último párrafo, de lo que elegiste, debe ser leído completamente. Hay personas que escriben notas o crean un "esqueleto" basado en lo que han hojeado.

Algunos ejemplos prácticos en el hojeo.

1. El periódico completo (de punta a punta)

2. Una revista completa.

3. Un folleto de viajes y negocios.

Capítulo 2. Rutina Diaria para Mejorar las Habilidades de Lectura.

El leer, es una habilidad que necesitas alimentar y mejorar cada día. Puede ser un poco retador mejorar nuestra habilidad de lectura, pero hay maneras que pueden ayudarte a mejorar y a retomar el hábito de leer.

Por supuesto, todo comienza seleccionando buenos materiales de lectura. Como principiante, necesitas escoger materiales que estén alineados a tus intereses. Un mal libro no te ayudará en nada, es como si te forzaras a comer algo que no te gusta. Sin embargo, un buen libro te ayudará a apreciar la lectura.

Por lo tanto, aquí hay algunos consejos que te ayudarán a mejorar tus habilidades. Notarás una mejora si cumples cada día:

Consejo Rutinario para Mejorar la Lectura #1: Lleva un libro a todas partes.

No importa dónde vayas, siempre debes

llevar un libro contigo. Cuando salgas de casa, mete en tu bolso tu libro favorito. Si tienes un carro, mantén tantos libros como sea posible para que los leas en el momento que quieras.

Consejo Rutinario para Mejorar la Lectura #2: Crea una lista de lectura.

Actualmente, hay una lista popular, 100 libros que debes leer antes de morir, deberías revisarla. Toma nota siempre que haya una buena recomendación de algún libro. Está bien que tengas una lista larga. Algún día, tendrás el tiempo suficiente para leer todos los libros que quieras. Esto te motivará para comenzar a leer y continuar aprendiendo.

Consejo Rutinario para Mejorar la Lectura #3: Ten horas específicas del día para leer.

No importa si solo te dedicas de diez a quince minutos o una hora, o dos, antes de dormir para leer. Está bien, siempre que lo conviertas en un hábito. Asegúrate de leer cada día mantendrá tu pasión por la lectura ardiendo.

Consejo Rutinario para Mejorar la Lectura #4: Corta el tiempo que pasas en el televisor y en el Internet.

En vez de gastar tu precioso tiempo en programas de televisión o en Facebook o Twitter, ¿por qué no utilizarlo en algo más valeroso? Te beneficiará más el leer, no hay argumento alguno contra ello.

Consejo Rutinario para Mejorar la Lectura #5: Crea un blog.

Crear un blog, es una de las formas más populares para fomentar el hábito de leer. En más de una manera, la lectura se complementa con la escritura. No tienes que gastar ni un centavo en un blog, así que, ¿por qué no comenzar desde ahora? Esto te dará un empujón adicional y la motivación necesaria para leer más.

Consejo Rutinario para Mejorar la Lectura #6: Prepara un lugar cómodo y tranquilo que sea exclusivamente para leer.

Un espacio tranquilo te ofrece más razones para pasar tiempo leyendo. Esto te ayudará a explorar el material de lectura que elegiste y a disminuir cualquier interrupción. El espacio, debería tener una mesa y una silla cómoda. Si en tu hogar no existe un lugar así, constrúyelo.

Esto son solo algunos consejos para que te motives a leer más. Traza metas. Una vez que te acostumbres, notarás que, al año, estarás leyendo una media de quince libros al año. Es un buen número que no es imposible de alcanzar. Solo asegúrate de estar disfrutando lo que estás haciendo y que estás apresurando tu lectura. Mantén el factor de disfrute. Hazlo mientras estés disfrutando de tu comida favorita, o tomando tu bebida preferida; también mientras estas sentado en una cómoda silla o acostado en tu cama. Pero, lo más importante, hazlo para mejorar e incrementar tus conocimientos.

Capítulo 3. Cómo Determinar Qué es Importante

Un lector, debería tener un ojo agudo para determinar la esencia, el tópico, y la idea principal del capítulo particular de un libro, los resultados del artículo de un diario, un simple párrafo, un pequeño corto de noticias, o una oración simple.

Desde allí, puedes extraer fácilmente cosas importantes como una evaluación, una conclusión o una interpretación crítica. Esto aumentará tu entendimiento general de un determinado tópico o del artículo completo, en general.

Antes de proceder a la siguiente parte de la discusión, anota que "tópico" se refiere a mensajes escritos, temas, o una guía para escribir el tópico que representa.

Por otra parte, la idea principal se refiere al concepto clave del material. Por último, los detalles son las ideas segundarias pueden ser mayores o menores y se proporcionan para complementar la idea principal. Tales detalles son esenciales.

Como lector, necesitas aprender a señalar la idea principal y los detalles. Estos son los elementos principales de cualquier material de lectura.

¿Cómo puede un lector determinar los puntos importantes?

Primero, necesita identificar las ideas y los temas claves. Adicionalmente, necesita ser capaz de distinguir entre información y detalles que son importantes de los que no lo son. Esto se puede hacer relacionando los detalles o los puntos de información de los temas, idea principal, o escritos. El nivel de importancia de cualquier información puede ser determinada mirando el cómo está en la oración o en el párrafo, o en el texto en general.

¿Cómo puede el lector determinar si cierta información en el texto es relevante o irrelevante?

Primero, los lectores necesitan recordar que los detalles varían en términos de importancia. Por eso, deben ser procesados con variados niveles de comprensión. Un lector exitoso puede distinguir cuáles detalles son importantes y cuáles no lo son.

Además, un lector siempre encuentra el propósito de la lectura en el contexto. Esto, definitivamente ayuda a evaluar la importancia de los detalles. Nota que, aunque el autor pueda tener una intención original en cuanto a detalles se refiere, hay una gran posibilidad que el lector haga su propia interpretación del texto. Sin embargo, el entendimiento de los detalles, pueden desviarse de la alineación de las intenciones del autor.

Capítulo 4. Cómo la Lectura Rápida está Relacionada con la Comprensión

Sabías qué, ¿la lectura rápida solo puede ser exitosa si tienes una buena comprensión? Este tipo de lectura no trata solamente acerca de la rapidez, también tiene que ver con el entendimiento del material. Los expertos dicen que no hay atajos para dominar la lectura rápida. Después de todo, no es fácil dominar la lectura de mil doscientas palabras en un lapso de sesenta segundos.

En promedio, una persona normal puede leer hasta cuatrocientas palabras en sesenta segundos. Si eres un lector rápido, entrarás en el rango de: mil a mil setecientas palabras por minuto. Para dominar la lectura rápida sin comprometer la comprensión quizá quieras seguir estos consejos:

Consejo de Lectura Rápida y Comprensión #1: Clasifica el material de lectura de acuerdo a su importancia y prioridad

Usualmente, hay tres tipos de material de

lectura: muy importante, importante y no tan importante. Clasifica de acuerdo al material que tengas. Después de acomodarlo, puedes proceder a la lectura. De esta manera, tu nivel de comprensión mejorará notablemente debido a que encontrarás el material más importante primero.

Consejo de Lectura Rápida y Comprensión #2: Hojea un poco

El hojear primero el material te permitirá señalar las ideas principales y los puntos importantes. Además, puede señalar la orientación de tu lectura. Tener una visión general te ayudará a convertirte en un lector más eficaz.

Consejo de Lectura Rápida y Comprensión #3: Lee en un ambiente que se preste a ello

A parte de elegir un rincón tranquilo, asegúrate de mantener la postura adecuada cada vez que leas. Recuerda, lo ideal es leer utilizando un estante para libros. El ángulo del material de lectura debe ser de 45 grados respecto a tus ojos. De esta manera, puedes estar seguro de que tu velocidad de lectura será óptima, sin mencionar el hecho de que la fatiga ocular se reduce significativamente. Además, debes evaluar si estás leyendo cierto tipo de material en el lugar adecuado. Por ejemplo, las novelas de recreación y ocio se pueden leer en la cama, pero puede que no sea una buena idea traer volúmenes de la enciclopedia al mismo lugar. Las lecturas difíciles se deben hacer en otro lugar (en la biblioteca, por ejemplo).

Consejo de Lectura Rápida y Comprensión #4: Toma notas

Si eres capaz de tomar notas adecuadamente, la velocidad de la lectura mejorará increíblemente. Estas notas pueden contener preguntas o puntos importantes. Con el tiempo, puedes elegir revisar esas notas y abordar las preguntas que has escrito.

Consejo de Lectura Rápida y Comprensión #5: Lee a un ritmo en el que te

sientas cómodo

Para diferentes materiales de lectura, hay diferentes ritmos de lectura. Por ejemplo, las lecturas difíciles podrían tomar más tiempo de leer, analizar y procesar que los materiales de lectura ligera.

Capítulo 5- Consejos para Analizar Párrafos

Las tareas, especialmente de los estudiantes universitarios, a menudo requieren un gran análisis. Cuando te piden que analices, se espera que hagas una inferencia o una interpretación. Por lo tanto, si desea analizar párrafos, debes comprender que hay una necesidad de pensamiento crítico. El pensamiento crítico es una habilidad esencial, que puede utilizar en muchos aspectos de su vida. En este capítulo, se te darán consejos sobre cómo analizar párrafos.

Hacer una Evaluación

Cuando te piden que realices una evaluación, debes decidir si algo es bueno o malo, digno o indigno, exacto o inexacto, correcto o incorrecto, entre otros. Por ejemplo, si viste una película y te pidenevaluarla, entonces debesdeterminar si vale la pena mirar esa película o no. Cuando te piden que evalúes un material de lectura, debes juzgar sus elementos. ¿Estaba bien escrito en términos de gramática y mecánica? ¿Cuál es tu opinión acerca de su valor general como pieza escrita? Estas son algunas de las preguntas que tal vez quieras responder al realizar una evaluación.

Creando una Inferencia

Cuando se te pide que hagas una inferencia, significa que debes analizar la situación y dar el significado de algo que no se ha expresado de manera explícita en el texto. Este es otro modo de análisis, uno tiene que pensar mucho para realizarlo con éxito. Generalmente, "hacer una inferencia" es sinónimo de "leer entre y más allá de las líneas".

Interpretar lo que estás leyendo

Si te piden interpretar cualquier cosa que leas, tienes que decir el significado de ese material con tus propias palabras. Normalmente, la interpretación de un material largo consiste solo de algunas oraciones. Simplemente tienes que expresar el mensaje del material que te asignaron. Las interpretaciones son personales así que es sencillo justificar dichas interpretaciones.

Capítulo 6- La Importancia de Incrementar tu Vocabulario

Una persona lee para incrementar su vocabulario. ¿Sabías que hay personas que están haciendo todo su esfuerzo para ser mejores lectores al tener un mejor vocabulario?

Si le hicieras a diez de tus amigos esta pregunta, quizá solo unos pocos te responderían con una sonrisa: "¿Estás, en verdad, satisfecho con tu vocabulario?" Intenta hacerte la misma pregunta. Ahora, ¿no te sientes mal con tu respuesta?

Tener un vocabulario amplio tiene muchas ventajas. Llegados a este punto, déjame señalarte los diferentes beneficios de tener un buen vocabulario. Primero, te permite comunicarte correctamente y ser un emisor efectivo de información. Además, un buen vocabulario ayuda a mejorar tu confianza y autoestima. Otras personas intentan estudiar más palabras para sonar más sofisticados y educados. Las personas que tienen un mejor vocabulario, estadísticamente, tienen mejores ofertas de trabajo. Finalmente, un mejor vocabulario hace que tengas una mejor percepción de las personas.

Un vocabulario limitado podría hacer pensar a las demás personas que no eres educado. Por supuesto, esa tipo de percepción tiene sus desventajas y eso es justamente lo que intentamos evitar. A parte de eso, en el contexto de la lectura, encontrarás más fácil entender cualquier discusión, sin importar el material de lectura. Te sentirás más inteligente y confiado con un vocabulario amplio. Tu dominio del conocimiento tiene realmente un efecto en qué tan buen lector eres.

Recuerda, por favor, que no siempre tendrás acceso a un diccionario cuando estés leyendo un libro o cualquier otro material. Intenta enriquecer tu vocabulario para evitar la necesidad constante de un diccionario o de un intérprete.

Capítulo 7- Técnicas de Visión Adecuada y Movimiento Ocular

Las técnicas adecuadas, en términos de la visión y el dominio del movimiento adecuado de los ojos en la lectura, también son componentes de un paso esencial para lograr ese hábito de lectura. El movimiento de los ojos tiene una gran influencia en el procesamiento visual del cerebro en el texto que se lee. Según los investigadores los ojos, durante el proceso de lectura, no hacen movimientos continuos a través de las líneas. En su lugar, realizan una gran cantidad de movimientos laterales rápidos y cortos, que se cortan por medio de fijaciones o paradas cortas en el medio.

Podrías pensar que no es importante saber acerca de esto porque es un proceso natural, por el contrario, el conocer acerca de los movimientos oculares te ayudará todavía más en la velocidad de tu lectura, lo que optimizará tu nivel de comprensión. Adicionalmente, si alguna vez tienes dificultades con la lectura, este aspecto podría explorarse para descubrir si hay alguna anomalía o irregularidad en cuanto a cómo se mueven tus ojos mientras lee.

Hoy en día, es muy fácil hacer seguimiento de los ojos mientras se lee. Con el uso de la tecnología, que es más asistida por las máquinas y las computadoras, los movimientos de los ojos de una persona se pueden rastrear fácilmente. Las computadoras ahora pueden grabar cualquier cosa de manera eficiente y eso incluye movimientos de los ojos. A partir de los hallazgos, los movimientos de los ojos se pueden rastrear y comprender mejor.

¿Qué son exactamente las sacadas? Estrictamente hablando, las sacadas se pueden definir como el movimiento de los ojos en forma horizontal. Por lo general, la dirección tomada por las sacadas es de izquierda a derecha. Los lectores que tienen una habilidad superior pueden mover sus ojos a un ritmo muy rápido. Los ojos suelen detenerse para procesar la información adquirida. Por lo general, el período de fijación dura solo una fracción muy pequeña de un segundo, después de lo cual, el lector realiza otra. Esta, generalmente, cubre un movimiento corto y rápido dentro de un lapso de un promedio de siete a nueve caracteres.

La velocidad de lectura generalmente varía debido a la diferencia en el tiempo dedicado por un lector a sus sacadas y fijaciones. Por lo general, a los lectores lentos les resulta difícil hacer una transición de una fijación a una nueva sacada. Para otros lectores lentos, el problema radica en la regresión.

Al final, cualquier lector debe comprender que el movimiento de los ojos y la velocidad a la que un lector puede hacer eso, tiene una gran influencia en el procesamiento intelectual y cognitivo de la información adquirida.

Capítulo 8- Estrategias para Mejorar tu Comprensión Lectora

Se puede mejorar el nivel de comprensión lectora. Es posible si conoces las estrategias y si las aplicas en cualquier situación de lectura. Aquí hay algunas técnicas que fueron probadas por expertos:

(*) *Intenta leer lo más importante junto al levantarte.* Los estudios muestran que, cuando te despiertas en la mañana, el cerebro está descansado y puede captar cualquier información que se le presente. Por lo tanto, es el mejor tiempo para leer.

(*) *Lee en intervalos cortos, sólidos e ininterrumpidos.* Por ejemplo, intenta leer de un cuarto a una hora seguida. Después, descansa por un minuto o dos y retoma la lectura nuevamente. De esa manera, puedes asegurarte que estás enfocado, y al mismo tiempo, lo haces con la calidad de tu lectura.

(*) *Como se dijo anteriormente, el lugar importa.* Evita, tanto como sea posible, lugares que sean frecuentados por muchas personas. Intenta encontrar un lugar donde nadie te moleste. En resumen, debes encontrar un lugar que te conduzca a la lectura.

(*) *De vez en cuando, hazte preguntas de autocontrol para monitorear tu nivel de comprensión.* Pregúntate: "¿Qué información y conocimiento he adquirido hasta ahora?"

(*) *Anota el material de lectura.* Resaltando las partes importantes, encerrando en círculos puntos importantes, o subrayando el nombre de las personas, incluso escribiendo notas en el margen, puedes asegurarte que tu nivel de entendimiento de la lectura está mejorando.

(*) **Comienza hojeando antes de realizar una lectura focalizada.** Esto te ayudará a estar mejor orientado en el tópico.

Hay dos métodos recomendados por expertos en lectura del desarrollo para que puedas convertirte en un lector activo de pleno derecho:

Método de Lectura Activa #1: El método Cornell

El método Cornell, popularmente conocido como el método SQ3R, significa Encuesta, Pregunta, Leer, Revisar y Recitar. Cada una de estas palabras se explica por sí misma. Al seguir estos pasos, te convertirás en un mejor lector, conocido por obtener una comprensión profunda de los materiales que estás leyendo.

Método de Lectura Activa #2: Crea tus preguntas

En un pedazo de papel, crea dos columnas. En la primera irán las preguntas que tú formulaste, en la segunda columna irán las respuestas. El crear preguntas te dará un empuje adicional para explorar y entender el material de lectura que te fue asignado.

Actualmente, hay muchos otros métodos, pero estos son lo más prácticos y efectivos que han sido probados para ayudar a mejorar los niveles de comprensión.

Capítulo 9- Trucos y Consejos para la Lectura Rápida

El último capítulo está dedicado a los trucos y consejos para mejorar tus habilidades en la lectura rápida. Todo comienza con la práctica, pero hay varias áreas en la que debes enfocarte y esas serán discutidas en este capítulo.

Consejo para la Lectura Rápida #1: Nunca repitas

Por todos los medios, avanza y sigue avanzando. Repetir no hace más que frenarte. Si deseas leer rápido, solo léelo una vez y nunca intentes leerlo de nuevo en tu cabeza porque te ralentizará significativamente. Además, trata de leer utilizando los ojos y no la boca. Dicha redundancia hará que tu velocidad y eficiencia sufran.

Consejo para la Lectura Rápida #2: Utiliza tus dedos como guía de tus ojos para la leer

La razón es que tu dedo puede ayudar guiando a tus ojos a través de un camino predeterminado. El dedo puede establecer el ritmo y puede ayudarte a comprender mejor lo que estás leyendo en ese momento.

Consejo para la Lectura Rápida #3: Concéntrate y nunca pierdas el foco

El punto aquí es simple, pero importante para ser incluido en la lista. La lectura rápida será una tarea si no te concentras. Si pierdes la concentración constantemente, te encontrarás repetidas veces en medio de la confusión.

Consejo para la Lectura Rápida#4: Sigue todo el tiempo la "Regla de la Tercera Palabra"

Esta regla es simple: comienza leyendo la tercera palabra de la línea y terminar en la tercera a la última palabra de la línea. Una vez que sigas esto, te darás cuenta que puedes entender lo que estás leyendo aunque no leas la línea completa. ¿Cómo es posible? Simple, Estás maximizando tu vista periférica.

Consejo para la Lectura Rápida #5: Lee

frases y líneas, no palabras individuales

No tiene sentido sostener el libro tan cerca de tu cara. La distancia mínima debería ser de, al menos, 60 centímetros de distancia de tu cara. Al hacerlo, serás capaz de leer tres palabras al mismo tiempo.

Consejo para la Lectura Rápida #6: Nunca te devuelvas.

Confía en que has obtenido suficiente información. Nunca intentes devolverte y leer lo que ha leíste. El cerebro llena los espacios vacios en caso que hayas obviado algo.

Consejo para la Lectura Rápida #7: Gana impulso comenzando a máxima velocidad

Según muestran los estudios, si comienzas tu lectura a un ritmo muy rápido, la comprensión será más fácil. Comenzarás a sentirte cómodo con la velocidad y con el tiempo, seguirás mejorando.

Ten en cuenta que la lectura rápida no

puede dominarse de la noche a la mañana. Tienes que dedicar tiempo a practicar y afinar tu interés por la lectura. La práctica y la aplicación constantes son la clave, así que ni siquiera intentes pasar días sin leer. Con la práctica constante y la exposición, la dominarás.

Conclusión

Nuevamente, ¡gracias por comprar este libro de técnicas de comprensión lectora y lectura rápida!

Estoy emocionado de transmitirte esta información, y estoy muy feliz de que, ahora has leído, puedas implementar estas estrategias en el futuro.

Espero que este libro pueda ayudarte a comprender el concepto detrás del éxito de la comprensión lectora y cómo mejorar aún más sus habilidades de lectura rápida.

El siguiente paso es comenzar a usar esta información y, con suerte, vivir una vida productiva y agradable, que esté lista para asumir el desafío de ampliar tu base de conocimientos a través de la lectura.

¡No seas alguien que solo lea esta información y no la aplique, las estrategias en este libro solo te beneficiarán si las utilizas!

Si conoces a alguien más que pueda beneficiarse de la información presentada aquí, infórmales de este libro.

¡Gracias y buena suerte!

Parte 2

Introducción

La lectura rápida es algo en lo que todos quieren mejorar. Muchos se topan con el problema en el que son demasiado lentos para sus gustos personales, y comienza a golpearlos más fuerte a medida que pasa el tiempo. Además, con la adición de tantos temas nuevos, es difícil no querer leer más rápido. Sin embargo, hay una manera de evitar esto, y este libro te ayudará. La lectura veloz y leer más rápido, ya no son solo un sueño, se pueden convertir en realidad.

Este libro contiene técnicas probadas para mejorar la velocidad de lectura. Mejorar la velocidad de lectura puede hacer mucho bien para usted, y es algo que puede obtener a través de este libro. Contiene técnicas simples, tanto mentales como físicas, para mejorar la velocidad de lectura. Es una excelente manera de ayudarlo a mejorar, y al final de esto, será el mejor lector veloz de todos los tiempos.

PARTE I:Arte de la técnica: Las formas probadas y no vistas para aumentar la

velocidad de lectura
(¡NO escriba nada aquí! Esto es simplemente una vista previa / breve sinopsis de los capítulos y secciones)

Capítulo 1: ¿Qué es la lectura veloz?

Lo primero que debe saber cuándo está tratando de mejorar la velocidad de su lectura es qué es. Hay ciertos aspectos sobre la lectura rápida que debe conocer, junto con los beneficios de la misma. Este capítulo repasará los aspectos básicos del mismo, junto con los beneficios de la lectura rápida para tener más éxito.

¿Qué es la lectura rapida?

La primera pregunta que debes hacerte cuando estás aprendiendo a acelerar la lectura, es ¿qué es la lectura rápida? En pocas palabras, la lectura rápida es una técnica de compensación que le ayudará a mejorar la velocidad de su nivel de lectura. En general, la mayoría de las personas solo leen entre 200 y 300 palabras por minuto, a veces incluso menos en algunos casos. Esto es problemático, ya que no está cerca de donde deberías estar cuando intentas leer. Usted puede leer hasta 1500 palabras por minuto en muchos casos, simplemente no ha aprovechado ese poder todavía. La lectura veloz es un conjunto de técnicas que le permiten leer rápidamente y obtener más información en menos tiempo. Es genial si desea aprender más, pero también si desea mejorar su propia velocidad de lectura sin arriesgar su comprensión.

La comprensión de lectura se originó en la década de 1950 por Evelyn Wood. Ella era una investigadora, que aprendió porqué algunos leían naturalmente más rápido y cómo usaba la lectura rápida para quedarse con la gente. Una vez ella se dio cuenta, después de mover su mano a través de la página, que sus ojos comenzaron a moverse más rápido y más suave a través de la página. Desde entonces, se ha utilizado como una actividad visual para capacitar a las personas para que puedan leer más rápido. Muchas veces las personas usaron imágenes para probar esto, pero ahora se usa con personas para ayudar a mejorar la velocidad de su lectura. Es una gran técnica, y al hacer esto, podrás leer más rápido.

Los beneficios

Los beneficios de esto son obvios. En primer lugar, cubres más material en menos tiempo. Muchas veces, la razón por la que muchos dejan de leer es porque no les gusta lo lento que es. La solución a eso, sin embargo, es la lectura rápida. La lectura rápida le permite readaptarse a una gran velocidad, pero también le permite obtener la información que desea obtener.

El otro beneficio es que cubrirás más y podrás entender más. Muchas veces, cuando lees demasiado lento, te aburres fácilmente y no obtienes tanta información. Esto lo mantendrá en vilo y, por este motivo, podrá seguir adelante y terminar el libro sin problemas. Y está comprobado que también aprenderá más, por lo que le conviene utilizar este conjunto de técnicas para mejorar la velocidad de lectura y la comprensión a un nivel en el que desee estar.

La velocidad de lectura puede ser cambiada por esto, y es algo que muchos deben hacer. Puede mejorar su velocidad de lectura, y este libro le mostrará cómo hacerlo. Al final de esto, serás un lector más rápido y podrás obtener más información que puedes utilizar para aumentar la inteligencia y tener una vida mucho más exitosa.

Capítulo 2: Técnicas para ayudarlo a acelerar la lectura

Lo siguiente que hay que aprender son algunas de las técnicas físicas que comprenden la lectura rápida. Hay algunas cosas que necesita aprender para acelerar la lectura para el éxito. La lectura rápida es algo que te ayudará a convertirte en un mejor lector, y al final de la misma, podrás lograr más de lo que nunca imaginaste. Este capítulo destacará algunas de las mejores técnicas de lectura rápida para el éxito que puede hacer físicamente.

Skimming (Barrida del Texto)

Esta es una de las técnicas básicas. Está repasando el material rápidamente y de manera muy superficial. Probablemente pueda obtener hasta 1500 palabras con esta técnica, pero hay algo que se sacrifica por ello. Esa es tu comprensión, y si estás leyendo algo para lo que tienes que tener una mayor comprensión, entonces esto podría no ser para ti. Aunque es una gran técnica, si quieres leer algo rápido pero sin tener que profundizar demasiado en él, entonces esto es para ti.

Meta Guiding (Guía Visual)

Esta es una forma de lectura veloz en la que usas tu dedo índice para guiar tus ojos a lo largo de un pasaje de texto. Puede usarlo para hacer que su ojo lo siga, y hará que su ojo se mantenga al día de forma natural. Algunas personas también usan bolígrafos también. Esto ayuda a acelerar su corteza visual y también aumenta su amplitud visual. Esto puede imprimirse en el consciente también, y prevenir la subvocalización. Es un medio eficaz de lectura rápida.

Software

Hay algunos programas de computadora que pueden ayudar con esto. Colocaron los datos allí, y fueron dividiéndolos en una secuencia para que usted los lea. La persona ve el centro de la pantalla mientras que las líneas de texto crecen más. Además miras varios objetos también, y trabajas para seguirlos. Hay algunas críticas acerca de que sea un método de entrenamiento cuando usas los objetos, pero elimina la vocalización secundaria y mejora la velocidad de lectura.

Eliminando distracciones

Mientras haces esto, para leer más rápido, debes eliminar las distracciones internas. Las distracciones son las que hacen que disminuyas la velocidad, y pueden ser cualquier cosa desde algo tan grande que sucedió en el área hasta escuchar una pequeña melodía en tu cabeza. Mediante la eliminación de esto, usted será capaz de tener un mejor momento al leer, y usted puede ayudar a eliminar los problemas que puedan surgir utilizando esto.

No hables, solo lee

Este es uno que es mucho más difícil de lo que piensas. Para hacer esto, debes leer, pero no digas las palabras en voz alta. Comúnmente, muchas personas se encuentran con el tema de decir lo que están leyendo en voz alta a pesar de que no tienen la intención de hacerlo. Se convierte en un problema para muchos, porque entonces eso naturalmente se convierte en la velocidad de lectura a la que están. Sin embargo, en lugar de hacer eso, solo lee para ti mismo y no dices cosas. Va a ir más rápido, y definitivamente puedes ser mucho más rápido en esto.

Eliminando el barrido hacia atrás

El barrido hacia atrás es algo que muchos hacen. Leerán un pasaje y luego volverán a leerlo de nuevo porque se "perdieron" algo. Esta es una práctica común, pero crea problemas para muchas personas. En lugar de hacer eso, debes trabajar para continuar y no volver a donde estabas antes. Compensa casi el 30% de la velocidad de lectura, por lo que eliminar esa tarea innecesaria también puede hacer algo bueno para usted. Es importante hacer esto, porque si puedes manipular tu velocidad de lectura, podrás ir mucho más rápido.

La velocidad de lectura es algo que muchos no saben cómo aumentar. Pero, con estas técnicas aquí, puedes hacerlo físicamente y podrás tener una experiencia mucho mejor gracias a ello.

PARTE II: Hábitos diarios: aumenta tu

velocidad de lectura todos los días, con un desafío de 21 días

(¡NO escriba nada aquí! Esto es simplemente una vista previa / breve sinopsis de los capítulos y secciones)

Capítulo 3: Hábitos diarios para mejorar la velocidad de lectura

Hay cosas que puede hacer todos los días para ayudarlo a convertirse en un mejor lector veloz La lectura rápida es una gran cosa para usar, especialmente cuando se trata de aprender algo. Puedes usar estos diferentes hábitos y formarlos para ayudarte a convertirte en el mejor lector veloz que puedas ser. Al final, podrás leer más rápido de lo que pensabas antes, y también puedes mejorar tu capacidad para retener información en este sentido. Este capítulo repasa algunos de los hábitos diarios importantes para hacer que la lectura rápida sea una realidad para usted.

Leer libros

Lo más obvio que debes tener para convertirse en un hábito es leer libros y obtener información. Date la oportunidad de leer diferentes libros y trabaja para leerlos cada vez más rápido. Si desea mejorar su capacidad para acelerar la lectura, una de las mejores maneras de hacerlo es elegir un libro que pueda leer por diversión y comenzar a utilizar las técnicas que se le ofrecen. Es una excelente manera de permitirle leer más y, a través de él, puede convertirse en el mejor lector veloz posible, y también hará que mejore su capacidad de comprender los datos. No tenga miedo de leer, incluso si solo dura 15 minutos al día.

Establecer un ritmo

Una técnica que puede usar es establecer un ritmo para leer libros. Puedes decidir que en un determinado momento, estarás en esta página del libro. Luego puede leerlo, y en ese punto, podrá leer aún más rápido y mejorar en la lectura rápida. Si haces eso, te acostumbrarás a ese ritmo.

No te molestes con las cosas pequeñas

A veces, cuando estás leyendo, querrás mirar los pequeños detalles que realmente no importan. En su lugar, simplemente ignóralos y continúa leyendo. Cuando esté leyendo a gran velocidad, haga esto y podrá leer el libro más rápido sin tener que preocuparse por un pequeño detalle.

Si realmente te molesta, no te detengas. Solo continúa leyendo, y pronto verás que es mejor ignorar los pequeños detalles y continuar con la historia.

Pruébate

Si tienes curiosidad, puedes ponerte a prueba para ver si puedes leer tan rápido. Tal vez durante los primeros días tenga una prueba para ver cuánto puede hacer en una hora. Haga eso, obtenga un estimado exacto en las páginas que lee, y luego divídalo por 60. Al hacer esto, podrá ver cuánto se hizo cuando estaba leyendo, y también llegará a mira cuántas palabras por minuto puedes leer. Abre los ojos y lo preparará para ir cada vez más rápido con cada día y con cada libro.

Todas estas técnicas le permitirán leer más rápido y obtener más información. Es importante tener todos estos diferentes hábitos, ya que cuantos más hábitos domines, mejores serán las cosas. Usted puede leer por obtener velocidad, y podrás hacer más cosas gracias a esto.

Capítulo 4: El desafío de 21 días para mejorar la velocidad de lectura

Entonces está la capacidad de mejorar su velocidad de lectura en solo tres semanas. Puedes, y es un desafío en el que cualquiera puede trabajar. Es realmente simple, y durante las tres semanas que lo haga, estará trabajando para mejorar la velocidad de lectura que sabe y desea mejorar. La velocidad de lectura lo es todo, y querrás asegurarte de tener una rápida para que puedas obtener más información. Este conjunto de técnicas y el proceso de hacer esto funcionarán, y al final de la El motivo porque esto funciona es bastante simple. Cuando intenta crear un hábito, un promedio de aproximadamente tres semanas será suficiente. Ese es el tiempo que necesita antes de poder hacer un hábito una realidad. Por lo general, se trata de esa longitud, aunque a veces es mucho más larga si realmente estás luchando con esto. Pero para un hábito como la lectura rápida, solo tienes que hacerlo durante una semana y será suficiente. Es divertido y lo ayudará a usted inmensamente.

Hacer esto entrenará a tu cerebro a leer rápido. Al principio, puede que te preguntes si te estás volviendo loco debido a la gran cantidad de trabajo duro que tienes que poner en ello. La verdad del asunto es que va a ser difícil y solo tendrá que trabajar con ello. Sin embargo, funciona, por lo que al final de la misma, podrás tener una mejor experiencia, y algo más que valga la pena.

¿Cómo hacerlo?

Cómo lo haces es realmente simple. Cuando estés leyendo, emplearás ciertas técnicas, agregando más a medida que pasa el tiempo. Pasará de ejercicios simples a ejercicios que aumentan la dificultad y también podrá pasar un buen rato haciéndolo. Es una forma divertida de ponerte en marcha y es una excelente manera de estar listo para la lectura veloz para el éxito.

Semana uno: En la primera semana, toma material de lectura simple y trabaja para deshacerse de las distracciones. Lee temprano en el día, y que sea un libro divertido. Usa tu dedo o bolígrafo para guiarte y leer más rápido. Mantenga sus ojos fijos y moviéndose hacia abajo en el texto. Esto puede tomar un par de intentos para conseguirlo, pero lo obtendrá pronto en poco tiempo.

Segunda semana: haz lo mismo, pero pasa al material más duro que es mucho más largo. Establecer una meta para una cierta cantidad de páginas cada día. Continúa haciendo esto, asegurándote de que no te detengas por ningún motivo. Puede ser difícil de dominar, pero una vez que lo tengas, pronto tendrás una mayor velocidad de lectura.

Semana tres: ahora es el momento de entrenar tus ojos para que se muevan a la velocidad de un rayo. Trabaje para leer 500 palabras por minuto, así que elija un libro que tenga tantos en cada página. Trabaje para dominar eso, junto con las técnicas utilizadas anteriormente, y pronto podrá tener una velocidad de lectura más rápida de lo que nunca imaginó. Se recuperará y, al final, se convertirá en el mejor lector veloz que pueda ser, y todo se debe a estas increíbles técnicas.

Estas técnicas mejorarán su capacidad para tener una agradable experiencia cuando se trata de la lectura veloz. Puede hacer esto en tres semanas, y al final de la misma, se sorprenderá de las enormes diferencias que el uso de estas técnicas puede hacer por usted.

PARTE III: Las cosas más profundas; Procese la información más rápido y mejore su velocidad mental, ¡con trucos secretos incluidos!

(¡NO escriba nada aquí! Esto es simplemente una vista previa / breve sinopsis de los capítulos y secciones)

Capítulo 5: Técnicas de lectura rápida que funcionan para cualquiera

A veces, simplemente hacer las técnicas en físico de lectura veloz puede no ser suficiente. Puede haber otras cosas que deba romper antes de poder convertirse en un lector veloz efectivo. El problema con muchos, es que están adoctrinados a una cierta velocidad de lectura de ahí en adelante.Puede ser útil entonces, pero eso sigue atormentándote después de que termine la clase. Sin mencionar, también hay algunos hábitos que tiene esa forma debido a la presión del maestro, y estos se mantendrán cuando esté tratando de mejorar la velocidad de lectura. No es bueno tenerlos, y debes trabajar para eliminar ciertas técnicas que te enseñan en la escuela. Este capítulo explicará cómo ayudar a mejorar la lectura rápida en personas que tienen el problema de verse obligados a pensar de cierta manera en la escuela, junto con ciertos malos hábitos que debe evitar cuando se trata de lectura rápida.

No resaltar

Un error común que muchas personas se mantienen cerca cuando intentan aprender a acelerar la lectura es resaltar cosas. Resaltar no es una buena técnica para tener cerca cuando se está leyendo a gran velocidad. La razón de esto es que el resaltado en realidad ralentiza la velocidad de lectura. Resaltar significa que no desea aprenderlo ahora mismo, pero volverá más adelante. Eso significa que lo estás leyendo dos veces, lo cual es contraproducente. En lugar de eso, solo tira el marcador y lee.

Apuntes

En lugar de resaltar, una excelente alternativa es tomar notas inmediatamente después de leer cada pieza que tienes que leer. Esto le permitirá obtener la información que necesita a la mano. También es genial, porque si así lo necesitas más adelante, no tendrás que volver al texto para obtenerlos.

Avance

Una forma de mejorar la velocidad de

lectura es pre visualizarla. Mira lo que es, y luego, después, sólo tiene que tocar sobre ella. No tiene que pensar que cada pieza de información es la cosa más importante de la historia. La mayoría de las veces no lo es, y en cambio se convierte en algo trivial y olvidado. Obtenga una vista previa, vea qué es y luego pase a la siguiente parte.

Ángulos de libros

Un ambiente de lectura adecuado es importante. La mayoría de las veces, probablemente leerá con la cabeza colgando, en lugar de tenerla en un ángulo de 45 grados. Esto causa tensión en el cuello y sus ojos también se tensarán. Al leer en el entorno adecuado, mejorará su velocidad de lectura y reducirá el dolor que podría impedirle leer más rápido.

Formulando preguntas

Cuestionar el material y convertir los encabezados y subtítulos en preguntas es una forma segura de mejorar la velocidad de lectura. Para hacer esto, mira los encabezados y subtítulos. Entonces, conviértelo en una pregunta. Luego, escaneas el libro en busca de una respuesta. Entonces podrá mejorar su velocidad de lectura, pero también estará más centrado en el material.

Temprano

No te quedes despierto hasta las 5 am tratando de leer algo. Sin embargo, levantarse y leer a primera hora de la mañana o temprano en el día será mucho más beneficioso para usted. Si haces esto, estarás más concentrado y menos preocupado de que el cuerpo esté cansado. Esto también duplicará su velocidad de lectura, junto con la mejora de la concentración que tiene. También le permitirá discernir cuál es el material importante al leerlo a primera hora de la mañana.

La velocidad de lectura se puede cambiar a través de esto, y es una excelente manera de hacerlo. Tome el control de la velocidad de su lectura con este útil conjunto de consejos, y le ayudará a deshacerse de los malos hábitos que todos tienen y los atormenta al tratar de leer.

Capítulo 6: Trucos mentales para aumentar la velocidad de lectura

A veces, no siempre es preocupase por una cuestión física cuando se trata de acelerar la lectura. A veces también puede ser un problema mental. Las aflicciones mentales y físicas asociadas con la lectura veloz pueden deprimir a una persona, pero hay maneras de hacerlo. Puede mejorar su capacidad para acelerar la lectura, y también podrá tener un mejor momento cuando se trata de mejorar su propia lectura rápida. La lectura veloz es algo que no es solo un problema físico, sino que también es un problema mental. Estos son algunos de los mejores trucos mentales para ayudarlo a acelerar la lectura.

Estar ojo alerta

Una manera de realmente animarte cuando intentas mejorar tu velocidad de lectura es pensar que hay una fecha límite. Estar en alerta es uno de ellos, y hacer eso, como asegurarse de que se haga algo en un momento determinado, crea una sensación de urgencia en su cuerpo. Luego puede leer cada vez más rápido y, al hacerlo, obtendrá más contenido. Simplemente piense que tiene que estar alerta por cualquier motivo, y esto puede marcar la diferencia en su capacidad de lectura, junto con la velocidad de su lectura.

Estar estresado

Junto con eso, está la capacidad de estar estresado. El estrés es algo que es malo en grandes cantidades, pero con un poco de estrés, puedes hacer mucho más. El estrés impulsará tu cuerpo y lo pondrá en marcha, y también aumentará tu capacidad mental. Siente que tienes que hacer esto o no, y estarás más centrado en la información. Hacer esto a un ritmo relajado no lo hará más rápido, de hecho, lo hará más lento.

No te estreses en las palabras

Un problema mental común con muchos es el énfasis en las palabras. Las palabras son importantes. De hecho, los necesita para formar oraciones, pero algunas personas comienzan a sentir que deben enfocarse en una cosa y en una sola cosa. Si puedes, solo sáltala. No te estreses pensando que debes saber las palabras para algo. En su lugar, solo sigue leyendo, y no te preocupes por eso a menos que sea algo de extrema importancia.

Sub vocalización

Un gran problema con muchas personas que leen rápidamente es que intentan decir todo lo que piensan. Piensan que deberían decir todo sin pensarlo realmente. La sub vocalización es algo que muchos usan cuando no pueden leer las cosas de manera efectiva, pero es un problema mental que muchos sufren. En vez de eso, deja de decirlos en voz alta y mantenlos para ti mismo. Así es mucho más fácil, y podrás leerlo mucho más rápido.

No tengas miedo de las prisas

A algunos les puede no gustar la velocidad que están leyendo. Pueden pensar que es extraño, o algo de lo que no quieren ser parte. En lugar de pensar que la carrera de la velocidad es mala, abrázala. Sigue avanzando y podrás tener un mejor momento también. No tenga miedo de tener una unidad para continuar con la lectura rápida, en lugar de eso, trabaje con él y diviértase.

La lectura veloz es algo que podría extrañarte al principio. Puede ser un poco intimidante, pero en realidad, es un método para mejorar tu habilidad de lectura y hacerte mucho más rápido. No tengas miedo de tener un impulso para continuara la nueva sensación, y al final de la misma, también podrá tener una mejor velocidad de lectura y muchas más habilidades también.

www.ingramcontent.com/pod-product-compliance
Lightning Source LLC
LaVergne TN
LVHW020432080526
838202LV00055B/5150